VENTE
du 4 Février 1911
HOTEL DROUOT
Salle n° 6

À deux heures et demie

TABLEAUX ANCIENS

et Dessins

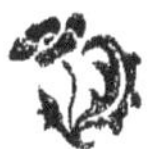

COMMISSAIRE-PRISEUR :

Mᵉ LAIR-DUBREUIL

EXPERT :

M. Henri HARO

CATALOGUE

DE

TABLEAUX ANCIENS

et Dessins

PAR OU ATTRIBUÉS A :

**Béga, Boucher, Bronzino, Castelli
Champagne (Ph. de), Coypel, Demarne, Drouais
Giotto, Greuze, Heem (David)
Ledoux (Mlle), Loo (Van), Maas (Nicolas), Miéris
Mignard, Ostade (Isaac), Raoux
Rigaud, Ruysdael, Santerre, Schalken
Wouwerman, etc.**

DONT LA VENTE AURA LIEU

Hôtel Drouot, Salle n° 6

Le Samedi 4 Février 1911

à deux heures et demie

EXPOSITION PUBLIQUE : le Vendredi 3 Février 1911

de deux heures à cinq heures et demie

Me LAIR-DUBREUIL	**M. Henri HARO**
COMMISSAIRE-PRISEUR	PEINTRE-EXPERT
6, rue Favart, 6	14, rue Visconti et rue Bonaparte, 20

CONDITIONS DE LA VENTE :

Elle sera faite au comptant.

Les adjudicataires payeront *dix pour cent* en sus des enchères.

Tableaux Anciens

BARRERA

1 — *Quatre panneaux décoratifs repré-
sentant les mois de Mai, Juin,
Juillet, Août.*

Pourront être vendus séparément.

Toiles. Mesure de chacune : Haut., 1 m. 02 ;
larg., 1 m. 56.

BEGA

2 — *Intérieur de Cabaret.*

Assis sur un banc, un buveur vu de dos
présente sa chope vide à une servante.
Plus loin, sur une chaise, un fumeur une
pipe à la main et un pot de bière à ses
pieds, semble avoir mal au cœur et fait
part de son malaise à un vieil homme
debout derrière lui.

Bois. Haut., 37 cent.; larg., 3o cent.

BERTIN (Nicolas)

3 — *Moïse sauvé des Eaux.*

Tandis que la fille de Pharaon, entourée de ses suivantes, est assise au bord de la rivière, devant son palais, une servante lui apporte le jeune Moïse, que l'on vient de trouver sur le fleuve.

Signé à gauche et daté 1710.

Toile. Haut., 88 cent.; larg., 1 m. 17.

BLOOT (Peter de)

4 — *Intérieur de Chaumière.*

Au fond, dans la pénombre, groupés devant l'âtre où le feu pétille, le père, la mère et deux enfants. Au premier plan, à droite, mieux éclairé, un coin de nature morte : pots de grès, légumes, quartiers de viande, assiette chargée de poissons. Çà et là, à terre et sur une corbeille renversée, des poules picorent.

Les figures ont malheureusement été détériorées.

Signé en bas à gauche.

Bois. Haut., 39 cent.; larg., 56 cent.

BOUCHER
(École de)

5 — *Nymphes et Amours.*

Papier. Haut., 32 cent.; larg., 26 cent.

BREYDEL (*dit le* CHEVALIER)

6 — *Combat de Cavalerie.*

Bois. Haut., 12 cent.; larg., 16 cent.
Cadre bois sculpté.

BRONZINO
(AGNOLO DI COSIMO)
(Attribué à)

7 — *Léda.*

Bois. Haut., 76 cent.; larg., 96 cent.

BYLERT

8 — *Jeune Femme au Chat.*

Une jeune fille à moitié nue joue avec
un petit chat qu'elle tient dans ses bras.
Elle est vue de dos et sa tête est tournée
de trois quarts.

Bois. Haut., 41 cent.; larg., 33 cent.

CASTELLI (Bernardo)

9 — *Le Printemps.*

10 — *L'Été.*

11 — *L'Automne.*

12 — *L'Hiver.*

Décorations composées de quatre panneaux.

(Toiles. Mesure de chacune : Haut., 1 m. 47; larg., 1 m. 17.

CERQUOZZI (Michel)

13 — *Nature Morte.*

Toile. Haut., 46 cent.; larg., 68 cent.

Cadre bois sculpté.

CERQUOZZI (Michel)

14 — *Nature Morte.*

Pendant du précédent.

Toile. Haut., 46 cent.; larg., 68 cent.

Cadre bois sculpté.

CHAMPAGNE (Philippe de)

15 — *Portrait d'un jeune Homme.*

Il se détache sur fond gris, vêtu d'un habit noir à crevés qui découvre aux manches la chemisette blanche; le poing droit sur la hanche, il tient de la main gauche une lettre. Il porte un col rabattu; son visage, tourné de trois quarts qu'ombre une légère moustache, est encadré d'une large perruque tombante.

Toile. Haut., 81 cent.; larg., 65 cent.

CHAMPAGNE (Philippe de)

(École de)

16 — *Portrait de Jeune Femme.*

Toile. Haut., 59 cent.; larg., 47 cent.

COURTOIS

(Jacques, *dit le* Bourguignon)

17 — *Choc de Cavaliers*

Cuivre. Haut., 16 cent.; larg., 21 cent.

COYPEL

18 — *Sacrifice d'Iphigénie.*

Au moment où Iphigénie va être immolée, Diane l'emporte et met une biche à sa place. A gauche, Agamemnon se détourne pour ne pas voir la mort de sa fille.

Toile. Haut., 1 m. 34; larg., 98 cent.

DECKER

19 — *Bords de rivière.*

Bois. Haut., 29 cent.; larg., 38 cent.

DEMARNE

20 — *La Rentrée à la Ferme.*

Une jeune paysanne reconduit son troupeau, qui se désaltère en passant dans une mare. Au fond, rentrent deux autres personnages dont une femme sur un âne. A droite, des poules picorent devant une grange de chaume.

Signé en bas à droite et daté 1795.

Bois. Haut., 33 cent; larg., 45 cent.

DEMAY

21 — *Troupeau sur une Route.*

Toile. Haut., 32 cent ; larg., 39 cent.

DESPORTES

(École de)

22 — *La prise du Cerf.*

Toile. Haut., 66 cent.; larg., 87 cent.

DOLCI (Carlo)

23 — *Sainte Agnès.*

La tête inclinée légèrement de trois quarts, la jeune sainte regarde l'agneau mystique qu'elle tient dans ses bras et qui lève la tête vers son visage. Ses cheveux blonds retombent sur sa robe bleue décolletée.

Toile. Haut., 62 cent.; larg., 51 cent.

DROUAIS

(École de)

24 — *Portrait présumé de Mme Favart.*

Représentée jouant de la vielle, elle semble satisfaite des accords tirés de son instrument, dont elle tourne la manivelle. La tête, vue de face, est couverte d'un fichu de dentelle noire ; sa robe brune est légèrement décolletée. A gauche, une glace reflète son profil.

Toile. Haut., 98 cent.; larg., 79 cent.

DUGHET (*dit le* Guaspre Poussin)

25 — *Chasse au Cerf.*

Toile. Haut., 60 cent.; larg., 84 cent.

DYCK (Van)

(École de)

26 — *Portrait de Charles II, roi d'Angleterre.*

Toile. Haut., 1 m. 19; larg., 83 cent.

DYCK (Van)
(École de)

27 — *Portrait d'un Cardinal.*

Toile. Haut., 75 cent.; larg., 58 cent.

Cadre en bois sculpté.

« *Succession de M. le Docteur L... ».*

ÉCOLE ESPAGNOLE

28 — *Portrait d'Homme.*

Toile. Haut., 65 cent.; larg., 54 cent.

ÉCOLE FLAMANDE

29 — *Le Christ mort aux pieds de la Vierge.*

Bois. Haut., 49 cent.; larg., 40 cent.

Cadre en bois sculpté.

ÉCOLE FRANÇAISE

30 — *Portrait de jeune Femme.*

Toile. Haut., 33 cent.; larg., 25 cent.

« *Succession de M. le Docteur L... ».*

ÉCOLE FRANÇAISE

3₁ — *Portrait d'Homme en armure avec le grand cordon du Saint-Esprit.*

Toile. Haut., 72 cent.; larg., 59 cent.

ÉCOLE FRANÇAISE

3₂ — *Portrait de Mlle Guyard de Chanzey.*

Toile ovale. Haut., 5o cent.; larg., 40 cent.

ÉCOLE FRANÇAISE

(XVIe SIÈCLE)

33 — *Saint Michel.*

Saint Michel vient de terrasser Satan et tient dans la main la balance de la Justice, à laquelle le démon s'accroche désespérément pour en changer la sentence. De nombreux personnages se voient dans le paysage agrémenté de rochers, lacs et montagnes.

Bois. Haut., 62 cent.; larg., 55 cent.

ÉCOLE FRANÇAISE

34 — *Portrait de jeune Femme.*

Toile. Haut., 48 cent.; larg., 35 cent.
Cadre en bois sculpté.

ÉCOLE FRANÇAISE

35 — *Portrait d'un jeune Roi.*

Toile. Haut., 75 cent.; larg., 58 cent.
Cadre en bois sculpté.

ÉCOLE FRANÇAISE

36 — *Portrait de jeune Fille.*

Toile. Haut., 57 cent.; larg., 45 cent.

ÉCOLE FRANÇAISE

37 — *La Source, allégorie.*

Dessin à la sépia.

ÉCOLE FRANÇAISE

38 — *Portraits de Famille*.

Haut., 1 m. 17; larg., 75 cent.

ÉCOLE FRANÇAISE

39 — *Le Vieux Pont*.

Gouache.

ÉCOLE FRANÇAISE

40 — *Paysages, Figures et Animaux au bord d'un Lac*.

Toile. Haut., 73 cent.; larg., 1 m. 19.

ECOLE HOLLANDAISE

41 — *Portrait d'une jeune Fillette*.

Représentée debout, vêtue d'une petite robe blanche qui laisse voir ses jambes nues, elle se détache sur un rideau rouge.

Toile. Haut., 1 m. 13; larg., 94 cent.

ÉCOLE HOLLANDAISE

42 — *Pot de Fleurs.*

Bois. Haut., 42 cent.; larg., 27 cent.

ÉCOLE ITALIENNE

43 — *Le Joyeux Buveur.*

Toile. Haut., 78 cent.; larg., 59 cent.

ÉCOLE DE SIENNE

44 — *La Vierge et l'Enfant Jésus.*

Autour de la Vierge et de l'enfant Jésus, des anges prient ; plus bas, des saints avec leurs attributs, et, en dessous, deux séraphins jouent de la musique.

Bois cintré du haut. Haut., 74 cent.; larg., 41 cent.

ÉCOLE VÉNITIENNE

45 — *Portrait de jeune Femme.*

Elle est représentée en buste, la poitrine à demi découverte ; sous un manteau vert, garni d'un col de fourrure, on aperçoit sa robe rouge ; ses cheveux blonds sont retenus par un petit ruban.

Toile. Haut., 41 cent., larg., 32 cent.

FRANCK

46 — *Jésus chez Marthe et Marie.*

Cuivre. Haut., 35 cent.; larg., 29 cent.

FRANCK

(École de)

47 — *Salomon et la Reine de Sabba.*

Le roi Salomon a dépouillé son sceptre et sa couronne ; à genoux devant l'aute des faux dieux, il sacrifie à l'idole. Auprès de lui, la reine de Sabba et toutes ses suivantes, dont le gracieux groupe se détache sur un fond de parc grandiose.

Bois. Haut., 74 cent.; larg., 1 m. 10.

GIOTTO

(École de)

48 — *La Vierge et l'Enfant Jésus.*

Au milieu du tableau, la Vierge et l'enfant Jésus assis sur un trône ; en haut, de chaque côté, des anges et plus bas des saints et des saintes avec leurs attributs.

Bois cintré du haut. Haut., 72 cent.; larg., 48 cent.

GONZALÈS

(École de)

49 — *Portrait de jeune Femme.*

Toile. Haut., 1 m. 22 ; larg., 88 cent.

GOUBAU (Antoine)

50 — *La Kermesse.*

Sur la place d'un pittoresque petit village situé au fond de la vallée, la populace s'est rassemblée. Ici, un petit groupe est en train de manger à côté du feu ; là, d'autres personnages sont attablés, pendant que l'aubergiste offre à boire à des promeneurs en voiture. Plus loin, quelques-uns dansent au son de la musique, et un charlatan débite sa marchandise aux badauds rassemblés. Enfin, partout règne une grande activité. Au fond, on aperçoit un paysage montagneux.

Signé sur le tonneau à droite et daté 1661.

Toile. Haut., 1 m. 45 ; larg., 2 m. 34.

GREUZE

(Attribué à)

51 — *La Fille repentie.*

> Toile. Haut., 97 cent.; larg., 77 cent.
> Cadre en bois sculpté.

GREUZE

(Attribué à)

52 — *Tête d'Enfant.*

> Toile. Haut., 40 cent.; larg., 32 cent.

HEEM (David de)

(Attribué à)

53 — *Fleurs et Insectes.*

> Bois. Haut., 48 cent.; larg., 68 cent.

HUET (Jean-Baptiste)

54 — *Bétail au repos.*

> Signé en bas à droite et daté 1774.
> Toile. Haut., 34 cent.; larg., 47 cent.

JORDAENS

(École de)

55 — *L'Enfance de Bacchus.*

Bois. Haut., 45 cent.; larg., 56 cent.

JOUFFROY

56 — *Portrait de Mme de Chanzey.*

Signé à gauche et daté 1772.

Toile ovale. Haut., 57 cent.; larg., 48 cent.

LEDOUX (Mlle)

57 — *La Poupée.*

Une petite fille, coiffée d'un bonnet blanc, tient sur son bras droit une poupée ; de l'autre main, naïvement, elle lui offre deux cerises. Une autre poupée est debout, à droite.

Toile. Haut., 54 cent.; larg., 46 cent.

LÉPICIÉ

(Attribué à)

58 — *Le Petit Espiègle.*

Un jeune garçon, vêtu d'une tunique grenat, est à genoux au pied d'une cheminée et devant un réchaud de métal. Il tient un chat par ses deux pattes de devant et, sans pitié pour la pauvre bête, il lui fait retirer les marrons du feu. Il tourne la tête de notre côté, l'air très satisfait de sa trouvaille.

Toile. Haut., 81 cent.; larg., 1 m. 02.

LOO (VAN)

(Attribué à)

59 — *Portrait de Claire-Françoise d'Harcourt, marquise d'Hautefort.*

Vue de face jusqu'aux genoux, elle est vêtue d'une robe grise décolletée, à ornements bleus. De petites fleurettes sont piquées dans ses cheveux poudrés. De la main gauche elle tient une rose sur sa poitrine, et de la droite elle retient une guirlande de fleurs.

Toile. Haut., 81 cent.; larg., 65 cent.

MAAS (Nicolas)

60 — *Portrait de jeune Enfant.*

Derrière on traduit : « Guillaume-Henry de Saxe-Eisenach, peint à l'âge de 32 semaines, le 16 novembre 1691 ».

Signé à gauche.

Toile. Haut., 74 cent.; larg., 57 cent.

MIEL (Jean)

61 — *Halte de Paysans devant une Auberge.*

Toile. Haut., 40 cent. ; larg.. 49 cent.

MIERIS

(Attribué à)

62 — *La Conversation.*

Cuivre ovale. Haut., 20 cent; larg., 17 cent.

MIGNARD

(Attribué à)

63 — *Portrait de Femme.*

Vue de face, elle porte une robe bleue décolletée à ornements dorés. De grands pendentifs de perles fines retombent de chaque côté de son visage.

Toile. Haut., 54 cent. : larg., 41 cent.

Cadre bois sculpté.

MOLYN (O.)

64 — *Le Chemin au bord de l'eau.*

Bois. Haut., 21 cent.; larg., 34 cent.

MONNOYER (Baptiste)

65 — *Fleurs dans un vase.*

Toile. Haut., 64 cent.; larg., 53 cent.

NEER (van der)

(Genre de)

66 — *Bords de rivière, effet de lune.*

Bois. Haut., 72 cent.; larg., 92 cent
Ce tableau n'est pas de l'époque.

OSTADE (Isaac van)

(Attribué à)

67 — *La rentrée des Chevaux à l'écurie.*

Devant sa maison, un paysan a dételé ses chevaux et les conduit dans l'écurie, pendant que plus loin un homme et une femme causent.

Bois. Haut., 28 cent.; larg., 38 cent.

PALAMÈDE (?)

68 — *Portrait de Femme.*

Bois. Haut., 38 cent; larg., 28 cent.

PALAMÈDE (?)

69 — *Portrait d'Homme.*

Bois. Haut., 38 cent.; larg., 28 cent.

PILLEMENT

70 — *La Passerelle.*

Signé à gauche et daté 1804.
Dessin au crayon noir.

PLATZER

71 — *La Fête du Village.*

Cuivre. Haut., 38 cent.; larg., 52 cent.

RAOUX

72 — *Les Bulles de Savon.*

Une jeune fille, vêtue de bleu et assise
sur un sopha, s'amuse à faire des bulles
de savon. Elle en tend une, au bout de sa
paille, à un petit nègre qui s'apprête à la
recevoir sur son manteau rouge.

Toile. Haut., 73 cent.; larg., 60 cent.

RIGAUD

(Attribué à)

73 — *Portrait de Louis XV enfant.*

Il est vu de face, assis sur son trône, une main étendue et maintenant de l'autre son sceptre sur son genou ; son manteau bleu doublé d'hermine descend en longs plis jusqu'à terre.

Toile. Haut., 1 m. 11 ; larg., 80 cent.

RIGAUD

(Attribué à)

74 — *Portrait de jeune Prince représenté en Chasseur.*

Il est représenté debout, tenant une lance. Un grand manteau rouge est agrafé sur son épaule. De la main droite il caresse un chien.

Toile. Haut., 73 cent. ; larg., 60 cent.

ROSA (Salvator)

75 — *Choc de Cavaliers.*

Toile. Haut., 59 cent. ; larg., 64 cent.

RUYSDAEL

(Attribué à)

76 — *Marine par un temps d'orage.*

Bois. Haut., 29 cent.; larg., 23 cent.

SANTERRE (?)

77 — *Jeune Femme chantant.*

La jeune femme, vêtue de satin blanc, chante, tenant un cahier de musique à la main.

Toile. Haut., 81 cent.; larg., 65 cent.

SCHALKEN

78 — *Jeune Femme à la Chandelle.*

Signé en bas à gauche et daté.

Bois. Haut., 24 cent.; larg., 21 cent.

Cadre en bois sculpté.

STAVEREN (van)

79 — *Ermite en méditation.*

Toile. Haut., 51 cent.; larg., 44 cent.

VIALY

80 — *Portrait de Femme.*

Signé en bas à droite et daté 1728.

Toile ovale. Haut., 93 cent.; larg., 77 cent.

VILA (Senen)

81 — *Portrait de jeune Femme.*

Elle est représentée en sainte Barbe, tenant à la main la palme du martyr ; des anges dans le ciel lui apportent une couronne de fleurs. Assise sur un coffre, elle est richement vêtue d'une robe de soie blanche brochée or, sur laquelle est jetée une grande écharpe rouge.

Fond de paysage avec la tour où sainte Barbe fut enfermée.

Signé à gauche sur le pied de la balustrade.

Toile. Haut., 1 m. 87; larg., 1 m. 28.

WOUVERMAN (Pierre)

82 — *Un choc de Cavaliers près d'une rivière.*

Tout près de l'eau, les deux cavaleries ennemies se sont rencontrées sur un terrain accidenté et elles combattent avec acharnement. Çà et là, gisent des morts et des blessés dont quelques-uns tombent à l'eau ainsi que leurs chevaux.

Toile. Haut., 60 cent.; larg , 97 cent.

WOUVERMAN (Pierre)

83 — *La Chasse à courre.*

Au pied d'un vieux donjon en ruines, sur un petit tertre, le cerf est traqué par les chiens. Au premier plan, près d'une mare, les chasseurs et les piqueurs, montés sur leurs chevaux, le poursuivent.

Toile. Haut., 64 cent.; larg., 76 cent.

84 — *Sous ce numéro seront vendus les Tableaux et Dessins non catalogués.*

1385. — Lib.-Imp. réunies, 7, rue Saint-Benoît, Paris.

VENTE DU 4 FÉVRIER 1911

Hôtel Drouot — Salle n° 6

ÉCOLE FRANÇAISE

N° 85. — *Une Décoration comprenant les Quatre Ages.*

1° *Les Amusements de l'Enfance.*
2° *Les Divertissements de l'Adolescence.*
3° *Les Préparatifs du Bal.*
4° *La Vieillesse.*

Toiles, forme arrondie dans les coins.
Haut. 1^{m}10. Larg. 1^{m}38.